干支ぐるみ
ほし☆みつき

むかしむかし、神様はどうぶつたちに
一月一日の朝に神様のところへ
早く来た者から順に十二番目までを
そのどうぶつの年にしてあげると言いました。

足の遅いうしは、前の晩から向かいます。
その背中に、ねずみがひょっこりと乗り、
神様のいる門に着いたときに、うしの背中から飛び降りて、
ねずみが一番目、うしが二番目になります。
そのあとには、とら、うさぎ、たつ、
へび、うま、ひつじと続きます。
そして、さるといぬが喧嘩をしているところを
にわとりが間に入って仲を取り持ち、
さる、にわとり、いぬの順に入りました。
最後はいのししが滑り込んで十二番目に。
これが十二支のはじまりとされています。

そんな十二支のどうぶつたちを
かわいいあみぐるみ＝「干支ぐるみ」にしました。
頭などのパーツは共通にしているので作りやすく、
統一感のある十二支にすることができます。
お正月にその年の干支を飾ったり、
家族やお友達の干支を編んでプレゼントしたり、
いろいろな場面で楽しんでいただければうれしいです。
また、招きねこ、だるま、富士山など
干支と並べて飾るのにぴったりな
縁起物のあみぐるみも併せて紹介しています。
こちらもぜひ編んでみてください。

ほし☆みつき

もくじ

十二支のあみぐるみ

- 子　P.4
- 丑　P.6
- 寅　P.7
- 卯　P.8
- 辰　P.10
- 巳　P.12
- 午　P.14
- 未　P.15
- 申　P.16
- 酉　P.18
- 戌　P.20
- 亥　P.21

縁起物のあみぐるみ

- 招きねこ　P.22
- ふくろう　P.23
- オクトパス　P.24
- だるま　P.25
- 富士山、鏡餅　P.26
- 鶴と亀　P.27

子を編んでみましょう　P.28
作品の編み方　P.37
かぎ針編みの基礎　P.71

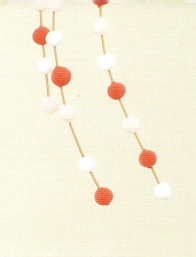

十二支

子(ね)

ねずみは子だくさんなことから
子孫繁栄の象徴とされています。
糸の太さをかえて、大中小の3サイズを紹介。

編み方／P.28

丑

白に黒ぶちのルックスが愛くるしさ満点。
黒と白を反転して作ってもおもしろいですね。

編み方／P.38

 勇ましいイメージのとらですが、
あどけない表情のかわいい子とらに仕上げました。
編み方／P.40

卯

寂しがりやのうさぎは、2匹でいつも仲よし。
ピンと立ったお耳がチャーミングです。

編み方／P.42

辰
（たつ）

伝説の生き物、たつはポップなグリーンで。
ギザギザの背びれがかっこいい。
編み方／P.44

e
み

へびは神様の使いと言われていて、
特に珍しい白へびは縁起がいいとか。
とぐろを巻いた姿もキュートです。

編み方／P.46

 やさしい目をした栗毛のうまです。
風にたなびきそうな、たてがみが素敵。
編み方／P.48

未(ひつじ) のんびりとして穏やかなひつじ。見ているだけで心が癒されそう。
編み方／P.50

ひょうきん者のおさるさんは、
友達を何匹か作って遊ばせたくなります。
編み方／P.52

17

酉 (とり)

赤いとさかと黄色いくちばしがキュート。
一緒にひよこも作って親子で並べたい。

編み方／P.54

戌
（いぬ）

みんな大好きないぬは、人気の柴犬で。
細い糸で小さいサイズを作り、
ストラップにするものおすすめです。

編み方／P.56

20

亥(い)

十二支の最後を飾るいのしし。
猪突猛進のイメージがありますが
こんなおちゃめないのししはいかが？

編み方／P.58

縁起物

招きねこ

幸運を招く、縁起物の代表選手。
右手を上げると金運を、
左手を上げると客を招くとされています。
編み方／P.60

ふくろう

幸運を呼ぶ鳥として知られる、ふくろう。
チャームポイントはゴールドの大きな目。
玄関に置いて運気をアップさせましょう。

編み方／P.62

オクトパス

「置くと（受験に）パス」することから合格祈願として最近人気のマスコット。頑張る受験生の強い味方です。

編み方／P.64

だるま

何度でも起き上がる、七転八起の縁起物。
赤は開運、青は仕事、緑は健康、紫は長寿、
ピンクは恋愛、黄色は金運の願いが込められています。

編み方／P.65

富士山、鏡餅

日本のシンボル富士山とお正月の鏡餅。
年初めに、その年の干支と
一緒に飾りましょう。

編み方／富士山 P.66　鏡餅 P.67

鶴と亀

長寿の象徴としておめでたいとされる、鶴と亀。
おじいちゃんやおばあちゃんへの
贈り物にも最適です。
編み方／鶴 P.70　亀 P.68

子（ね）を編んでみましょう

写真／P.4

● 糸
大：ハマナカ ラブボニー（40g 玉巻き）
　　水色(116)30g　薄ピンク(109)3g　黒(120)、赤(133)各少々
中：ハマナカ ピッコロ（25g 玉巻き）
　　グレー(33)10g　薄ピンク(40)2g　黒(20)、赤(6)各少々
小：ハマナカ ティノ（25g 玉巻き）
　　グレー(16)3g　薄ピンク(4)、黒(15)、赤(6)各少々

● その他
ハマナカ ソリッドアイ ブラック 2個
　大：8mm（H221-308-1）　中：5mm（H221-305-1）
　小：3mm（H221-303-1）
手芸わた、25番刺繍糸（黒）

● 針　大：5/0号かぎ針　中：4/0号かぎ針　小：2/0号かぎ針
● 用具　手芸用ボンド、とじ針、段目リング、はさみ、つまようじ

大　中　小

頭(1枚)
大：水色
中・小：グレー

※14・15段めでわたを入れて
最終段の目の頭に
糸を通して絞る

段	目数
15	6 (−6)
14	12 (−6)
13	18
12	18 (−6)
11	24
10	24 (−6)
9	30
8	30
7	30
6	30 (+6)
5	24
4	24 (+6)
3	18 (+6)
2	12 (+6)
1	6

鼻(1枚)
黒

※編み地の裏側を
表として使う

段	目数
1	6

口(1枚)
大：水色
中・小：グレー

※編み地の裏側を
表として使う

※編終りはわたを
入れる

段	目数
3	12
2	12 (+6)
1	6

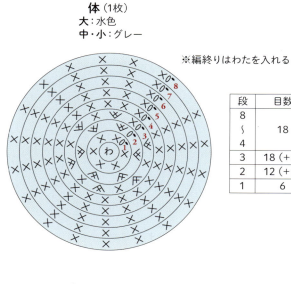
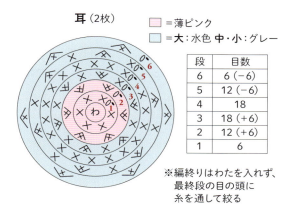
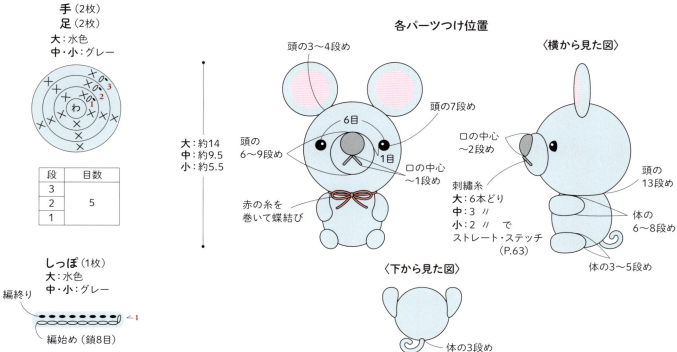

頭を編む

[輪の作り目をする]

※大で解説しています。中と小は糸を替えて同様に編みます。

1

左手の人さし指に糸を2回巻きつけ、2重の輪を作る。

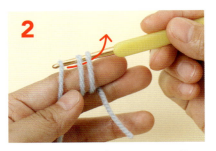

2

糸端を人さし指と中指ではさみ、輪の中に針を入れ、糸をかけて引き出す。

3

引き出したところ。

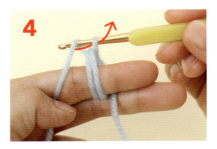

4

さらに糸をかけて引き抜く。

5

立上り（毎段の編始めに編む鎖目）の鎖編み1目が編めた。

6

輪から人さし指を抜く。

[細編みを編む] ✕

7

輪の中に針を入れ、糸をかけて引き出す。

8

さらに針に糸をかけ、2つのループを一度に引き抜く。

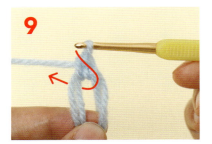

9

細編みが1目編めた。同様に輪の中に細編みを編み入れていく。

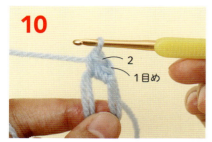

2目めが編めた。

全部で6目編み入れたら、針にかかっていたループを大きく広げ、いったん針をはずす。

[輪を引き締める]

編み地を持ち、糸端を少し引っ張る。輪の糸のうち1本が引っ張られて縮まる。

12で小さくなったほうの糸を引き、もう一方の輪を引き締める。

さらに糸端を引いて、13で引いた輪を引き締める。

輪が引き締まった。

[引抜き編みを編む]

ループに針を戻し、1目めの細編みの頭(鎖目の2本)に針を入れる。

針に糸をかけて引き抜く。

引抜き編みが編め、1段めが編み終わった。

[**細編み2目編み入れる**] ⛛

2段め。立上りの鎖1目を編み、前段の1目めの細編みの頭（**16**で引き抜いたところ）に針を入れ、細編みを編む。

細編みを編んだら、細編みの頭（鎖目の2本）に段目リングを入れる。

同じ目に細編みを編む。「細編み2目編み入れる」で増し目ができた。

同様にすべての目を増しながら2段めを編む。このとき目は全部で12目。

1目めの細編みの頭（段目リングの目）に針を入れて引き抜く。

2段めが編み終わった。

3段め。立上りの鎖1目を編み、前段の1目めの細編みの頭（段目リングの目）に針を入れ、細編みを編む。

段目リングを1目めの細編みの頭に移し（段目リングは常に1目めの細編みの頭に入れる）、P.28の編み図を参照して3段めの続きを編む。

6段めまで指定の位置で増しながら編み、7～9段めは増減しないで編む。

[細編み2目一度を編む]

28 10段め。立上りの鎖1目を編み、細編みを3目編む。前段の細編みの頭に針を入れ、糸をかけて引き出す。

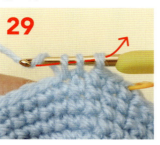

29 続けて次の目に針を入れ、糸をかけて引き出す。さらに糸をかけ、一度に引き抜く。

30 2目が1目になる。「細編み2目一度」で減し目ができた。

31 編み図を参照して、14段めまで減らしながら編む。

[わたを入れる]

32 いったん針をはずし、わたをしっかり入れる（全部編んでからだと、口が狭くて入れづらいので、途中で入れる）。

33 15段めを編んだら、糸を30cm残してカットする。針にかかっていた目を大きく広げ、糸を引き出す。

34 さらにわたを入れる。つまようじの頭を使って押し込むとよい。

[編終りをとじる]

35 とじ針に糸を通し、最終段の細編みの頭に1目ずつ、外側と内側から交互に針を入れ、縫い絞る。

36 糸を引いて絞り、編み地を2〜3回すくう。

37 最後は少し遠いところに針を出し、糸を引きながらカットする。頭の出来上り。

耳を編む
[色の替え方]

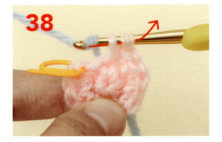

P.29の編み図を参照し、薄ピンクの糸で2段めを編み、最後の細編みを編む途中で水色の糸を針にかけて引き抜く。

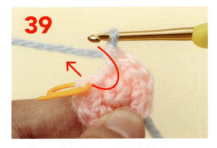

1目めの細編みの頭に引き抜く。

2段めが編み終わったところ。続けて立上りの鎖1目を編み、3段めを編んでいく。

段の始めで色を替えるときは、このように前段の最後の細編みの途中で色を替えるときれいに仕上がる。続けて6段めまで編み、編終りは最終段の細編みの頭に糸を通して絞る（**35・36**参照）。

口を編む

P.28の編み図を参照し、口を編む。口は編み地の裏側を表として使うので、編み終わったら編始めの糸を始末しておく。

しっぽを編む

糸端を20cm残し、作り目の8目＋立上り1目の鎖編みを編む。

鎖目の8目めの裏山1本をすくって、針に糸をかけて引き抜く。

引き抜いたところ。

同様に引き抜いていく。編終りは糸を20cm残してカットする。

残りのパーツを編む

47

体、鼻、手、足を編む。
※体と口にはわたを入れる。
※鼻と口は編み地の裏側を表として使う。

顔を作る

[目、鼻、口をつける]

48

ソリッドアイの根もとにボンドをつけ、頭の指定の位置に差し込む。

49

鼻の編終りの糸をとじ針に通し、口に巻きかがりでつける。

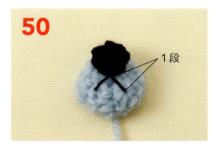

50

刺繍糸をとじ針に通し、玉結びをする。鼻の下から表側に出し、ストレート・ステッチをし、裏側で玉止めをする。

各パーツをつける

[耳をつける]

51 口の編終りの糸をとじ針に通し、頭に巻きかがりでつける。

52 最後は少し遠いところに針を出し、糸を引きながらカットする。

53 耳の編終りの糸をとじ針に通し、4段めに糸を出す。

54 耳を頭に巻きかがりでつける。

55 耳が2枚ついた。

56 体の編終りの糸をとじ針に通し、頭の13段めに巻きかがりでつける。1目ずつ、合計18目かがる。

[体をつける]

[足と手をつける]

57 足の編終りの糸をとじ針に通し、足を体に巻きかがりでつける。

58 足が2本ついたら、2本めの糸で続けて矢印のように足と体に針を入れて安定させる。手も同様につける。

[しっぽをつける]

59 しっぽの編始めと編終りの糸をとじ針に通し、体につける。

[リボンをつける]

60 首に赤の糸（長めに用意する）を巻いて蝶結びをする。結んでから余分をカットする。

出来上り!

36

作品の編み方

● 糸とサイズについて

十二支の作品は、子（大・中・小）、卯（大・中）、巳（中・小）以外、すべて中サイズで作られています。どのサイズも目数・段数や仕上げ方は同じです。右の写真を参考にして、好みのサイズや色で編んでください。

● 用具について

各作品の作り方ページには、糸、その他、針を表記していますが、用具は省略しています。とじ針、はさみ、段目リングなど必要なものは、P.28の子の用具を参考にしてください。

● パーツについて

十二支の作品は、どの作品も頭の編み図は共通です。詳しい編み方はP.30〜の子のプロセス写真を参考にしてください。体も巳以外は共通になっています。

● 仕上げ方について

どの作品も子のプロセス写真を参考にして、バランスを見ながらパーツをつけていきます。耳や足、しっぽなどの各パーツは、つけやすい順番に変更してもかまいません。また、「各パーツつけ位置」の段数の見方は、右の写真を参照してください。

大 約14
中 約9.5
小 約5.5

ハマナカ ラブボニー
（40g玉巻き／糸長約70m）
5/0号かぎ針
ソリッドアイ 8mm

ハマナカ ピッコロ
（25g玉巻き／糸長約90m）
4/0号かぎ針
ソリッドアイ 5mm

ハマナカ ティノ
（25g玉巻き／糸長約190m）
2/0号かぎ針
ソリッドアイ 3mm

中心
1段め
2段め
3段め
頭の7段め
頭の6〜9段め

37

丑(うし) 写真／P.6

- ●糸
ハマナカ ピッコロ(25g 玉巻き)
白(1)8g 黒(20)、ペールオレンジ(3)各3g
たまご色(42)、赤(6)各少々
- ●その他
ハマナカ ソリッドアイ ブラック
　5㎜(H221-305-1)、3㎜(H221-303-1)各2個
手芸わた

- ●針　4/0号かぎ針
- ●作り方
1. 各パーツを編む
2. 頭、体、口にわたを入れる
3. 頭に目をつける
4. 口に鼻をつけ、刺繡をする
5. 頭に口、耳、角、頭の模様を巻きかがりでつける
6. 頭に体を巻きかがりでつける
7. 体に手、足、しっぽ、体の模様を巻きかがりでつける
8. 首にリボンをつける

頭(1枚)
白

※14・15段めでわたを入れて
最終段の目の頭に
糸を通して絞る

段	目数
15	6 (−6)
14	12 (−6)
13	18
12	18 (−6)
11	24
10	24 (−6)
9	30
8	30
7	30
6	30 (+6)
5	24
4	24 (+6)
3	18 (+6)
2	12 (+6)
1	6

頭の模様(1枚)
黒

※編み地の裏側を
　表として使う

段	目数
3	18 (+6)
2	12 (+6)
1	6

体の模様(1枚)
黒

※編み地の裏側を
　表として使う

段	目数
2	10 (+5)
1	5

耳
白(1枚)
黒(1枚)

段	目数
2	12 (+6)
1	6

角(2枚)　　　　しっぽ(1枚)
たまご色　　　　白

編終り　　　　　　編終り

編始め　　　　　　編始め
(鎖4目)　　　　　(鎖3目)

体 (1枚) 白

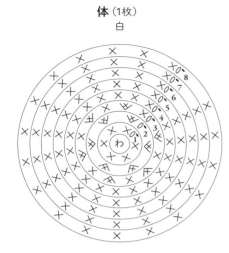

※編終りはわたを入れる

段	目数
8〜4	18
3	18 (+6)
2	12 (+6)
1	6

手 (2枚) 足 (2枚)

■ =ペールオレンジ　□ =白

段	目数
3	
2	5
1	

※色の替え方はP.34の38〜41参照

口 (1枚) ペールオレンジ

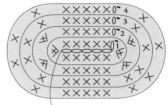

編始め (鎖5目)

段	目数
4	18
3	18
2	18 (+4)
1	14

※編み地の裏側を表として使う
※編終りはわたを入れる

各パーツつけ位置

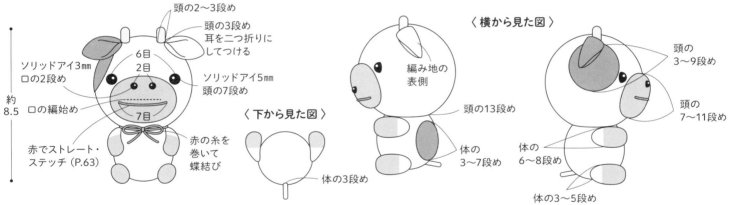

口の編始め

1 作り目の5目+立上り1目の鎖編みを編み、鎖の裏山をすくって細編みを5目編む。

2 端の鎖目に細編みを3目編み入れたら編み地の上下をかえ、作り目の残り2本をすくって細編みを4目編む。

3 端の鎖目に細編みを2目編み入れたら、1目めの細編みの頭に針を入れて引き抜く。

4 1段めが編み終わったところ。

39

寅(とら)

写真／P.7

- ●糸
  ハマナカ ピッコロ（25g玉巻き）
  レモン色(8)10g　黒(20)3g　白(1)2g　赤(6)少々
- ●その他
  ハマナカ ソリッドアイ ブラック
  　5mm（H221-305-1）2個
  手芸わた、25番刺繡糸（黒）

- ●針　4/0号かぎ針
- ●作り方
1. 各パーツを編む
2. 頭、体、口にわたを入れる
3. 頭に目をつける
4. 口に鼻を巻きかがりでつけ、刺繡をする
5. 頭に口と耳を巻きかがりでつける
6. 頭に体を巻きかがりでつける
7. 体に手、足、しっぽを巻きかがりでつけ、模様の刺繡をする
8. 首にリボンをつける

頭（1枚）レモン色

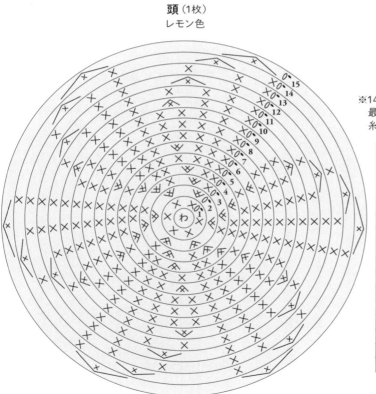

※14・15段めでわたを入れて最終段の目の頭に糸を通して絞る

段	目数
15	6 (−6)
14	12 (−6)
13	18
12	18 (−6)
11	24
10	24 (−6)
9	30
8	30
7	30
6	30 (+6)
5	24
4	24 (+6)
3	18 (+6)
2	12 (+6)
1	6

鼻（1枚）黒

※編み地の裏側を表として使う

段	目数
1	6

口（1枚）白

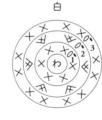

※編み地の裏側を表として使う
※編終りはわたを入れる

段	目数
3	12
2	12 (+6)
1	6

手（2枚）レモン色
足（2枚）レモン色

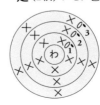

段	目数
3	
2	5
1	

体 (1枚) レモン色

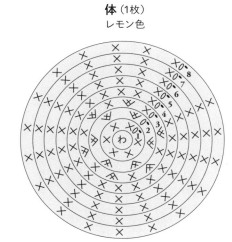

※編終りはわたを入れる

段	目数
8〜4	18
3	18 (+6)
2	12 (+6)
1	6

しっぽ (1枚) レモン色

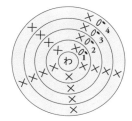

段	目数
4	5
3	5
2	5
1	5

耳 (2枚) レモン色

段	目数
3	12
2	12 (+6)
1	6

各パーツつけ位置
※指定以外は子 (P.29) と同じ
※模様はすべてストレート・ステッチ (P.63)。しっぽ以外はピッコロ黒を2本どり

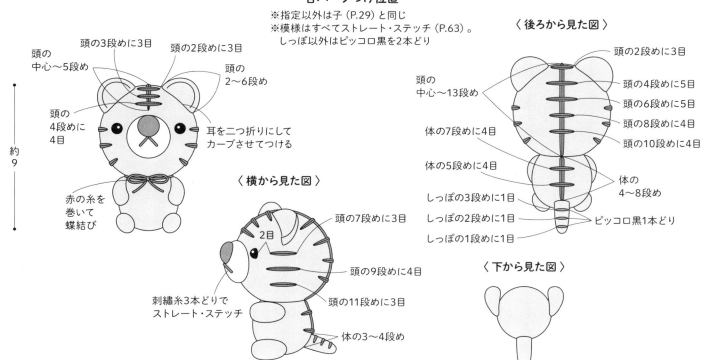

卯 写真／P.8

●糸
大：ハマナカ ラブボニー（40g玉巻き）
　　薄ピンク（109）30g　白（125）5g
　　黒（120）、赤（133）各少々
中：ハマナカ ピッコロ（25g玉巻き）
　　ピンク（4）10g　白（1）3g
　　黒（20）、赤（6）各少々

●その他
ハマナカ ソリッドアイ ブラック2個
　大：8mm（H221-308-1）　**中**：5mm（H221-305-1）
手芸わた、25番刺繍糸（黒）
●針　**大**：5/0号かぎ針　**中**：4/0号かぎ針
●作り方
1. 各パーツを編む
2. 頭、体、口にわたを入れる（**大**はしっぽにも入れる）
3. 頭に目をつける
4. 口に鼻を巻きかがりでつけ、刺繍をする
5. 頭に口と耳を巻きかがりでつける
6. 頭に体を巻きかがりでつける
7. 体に手、足、しっぽを巻きかがりでつける
8. 首にリボンをつける

頭（1枚）
大：薄ピンク
中：ピンク

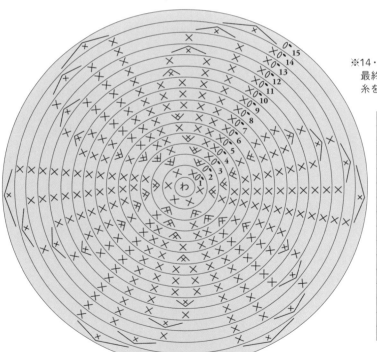

※14・15段めでわたを入れて
最終段の目の頭に
糸を通して絞る

段	目数
15	6（−6）
14	12（−6）
13	18
12	18（−6）
11	24
10	24（−6）
9	30
8	30
7	30
6	30（+6）
5	24
4	24（+6）
3	18（+6）
2	12（+6）
1	6

口（1枚）
白

※編み地の裏側を
　表として使う
※編終りはわたを入れる

段	目数
3	12
2	12（+6）
1	6

手（2枚）
足（2枚）
大：薄ピンク
中：ピンク

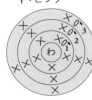

段	目数
3	
2	5
1	

体 (1枚)
大：薄ピンク
中：ピンク

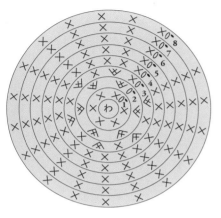

※編終りはわたを入れる

段	目数
8〜4	18
3	18 (+6)
2	12 (+6)
1	6

耳 (2枚)
■ = **大**：薄ピンク　　□ = **中**：ピンク　　□ = 白

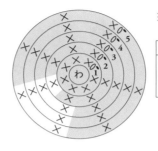

※色の替え方はP.49の写真参照

段	目数
5〜1	7

鼻 (1枚)
黒

※編み地の裏側を表として使う

段	目数
1	6

しっぽ (1枚)
大：薄ピンク
中：ピンク

※編み地の裏側を表として使う
※**大**の編終りはわたを入れる

段	目数
2	6
1	

各パーツつけ位置

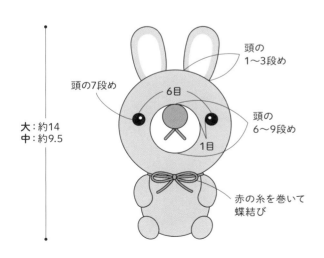

大：約14
中：約9.5

頭の7段め
頭の1〜3段め
頭の6〜9段め
6目
1目
赤の糸を巻いて蝶結び

〈 下から見た図 〉

〈 横から見た図 〉

口の中心〜2段め
口の中心〜1段め
刺繍糸
大：6本どり
中：3本どりでストレート・ステッチ (P.63)
頭の13段め
体の6〜8段め
体の3〜5段め
体の3〜5段め

辰 (たつ)

写真／P.10

- ●糸
- ハマナカ ピッコロ（25g玉巻き）
- 緑(24) 8g　黄緑(9) 3g　レモン色(8) 2g　赤(6) 少々
- ●その他
- ハマナカ ソリッドアイ ブラック
- 　5mm (H221-305-1)、3mm (H221-303-1) 各2個
- 手芸わた
- ●針　4/0号かぎ針

●作り方
1. 各パーツを編む
2. 頭、体、口、しっぽにわたを入れる
3. 頭に目をつける
4. 口に鼻をつけ、刺繍をする
5. 頭に口、耳、角、ほほのパーツを巻きかがりでつける
6. 頭に体を巻きかがりでつける
7. 体に手、足、しっぽを巻きかがりでつける
8. 頭と体、しっぽに背びれを巻きかがりでつける
9. 首にリボンをつける

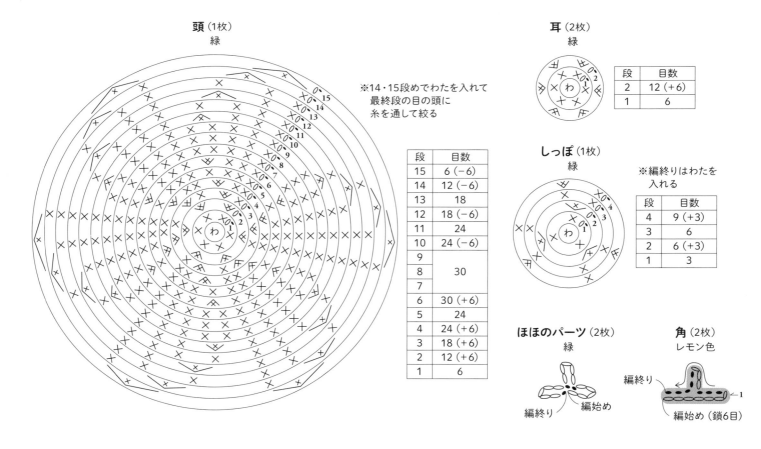

頭 (1枚) 緑

※14・15段めでわたを入れて最終段の目の頭に糸を通して絞る

段	目数
15	6 (−6)
14	12 (−6)
13	18
12	18 (−6)
11	24
10	24 (−6)
9	30
8	30
7	30
6	30 (+6)
5	24
4	24 (+6)
3	18 (+6)
2	12 (+6)
1	6

耳 (2枚) 緑

段	目数
2	12 (+6)
1	6

しっぽ (1枚) 緑

※編終りはわたを入れる

段	目数
4	9 (+3)
3	6
2	6 (+3)
1	3

ほほのパーツ (2枚) 緑

編終り　編始め

角 (2枚) レモン色

編終り
編始め (鎖6目)

体 (1枚) 緑

※編終りはわたを入れる

段	目数
8〜4	18
3	18 (+6)
2	12 (+6)
1	6

手 (2枚) 緑
足 (2枚) 緑

段	目数
3	
2	5
1	

口 (1枚) 緑

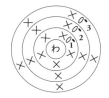

※編始めはP.39写真参照
※編終りはわたを入れる

段	目数
4	18
3	18
2	18 (+4)
1	14

編始め (鎖5目)

背びれ (1枚) 黄緑

しっぽ側 — 編終り
編始め (鎖22目) — 頭側

各パーツつけ位置

- ソリッドアイ5mm 頭の7段め
- ソリッドアイ3mm 口の2段め
- 約9.5
- 赤でストレート・ステッチ (P.63)
- 頭の2〜3段め
- 頭の4段め 耳を二つ折りにしてつける
- 6目
- 2目
- 口の編始め
- 11目
- 赤の糸を巻いて蝶結び

〈 下から見た図 〉

〈 横から見た図 〉

- 編み地の表側
- 頭の8段め
- 頭の1〜13段め
- 頭の7〜11段め
- 5目
- 頭の13段め
- 体の6〜8段め
- しっぽの1段め
- 体の3〜5段め
- 体の3〜6段め

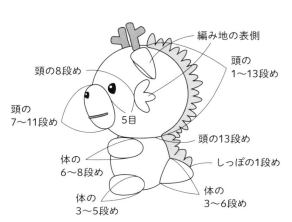

写真／P.12

- ●糸
- 中：ハマナカ ピッコロ（25g玉巻き）
  - 黄緑(9)10g　赤(6)6g　朱色(26)少々
- 小：ハマナカ ティノ（25g玉巻き）
  - 白(1)10g　赤(6)2g
- ●その他
- ハマナカ ソリッドアイ ブラック2個
  - 中：5mm（H221-305-1）　小：3mm（H221-303-1）
- 手芸わた

- ●針　中：4/0号かぎ針　小：2/0号かぎ針
- ●作り方
1. 各パーツを編む
2. 頭、体（上・下）にわたを入れる
3. 頭に目をつけ、刺繍をする
4. 頭に体（上）を、体（上）に体（下）を巻きかがりでつける
5. 体（下）にしっぽを巻きかがりでつける
6. 首にリボンをつける
7. ざぶとんを2枚編み、回りを巻きかがりで合わせる

頭（1枚）
中：黄緑
小：白

※14・15段めでわたを入れて
最終段の目の頭に
糸を通して絞る

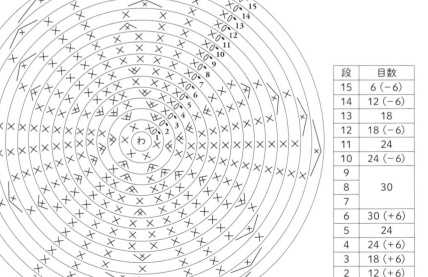

段	目数
15	6 (-6)
14	12 (-6)
13	18
12	18 (-6)
11	24
10	24 (-6)
9	30
8	30
7	30
6	30 (+6)
5	24
4	24 (+6)
3	18 (+6)
2	12 (+6)
1	6

しっぽ（1枚）
中：黄緑
小：白

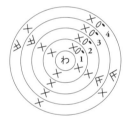

段	目数
4	8 (+2)
3	6 (+2)
2	4
1	

ざぶとん（2枚）

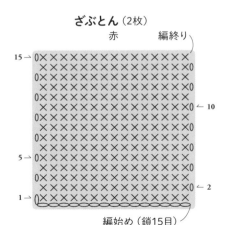

編始め（鎖15目）

体(下)(1枚)
中:黄緑
小:白

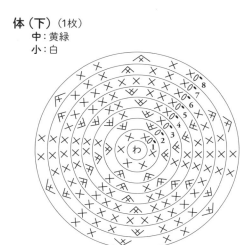

※編み地の裏側を表として使う
※編終りはわたを入れる

段	目数
8	18 (-6)
7	24 (-6)
6	30
5	30 (+6)
4	24 (+6)
3	18 (+6)
2	12 (+6)
1	6

体(上)(1枚)
中:黄緑
小:白

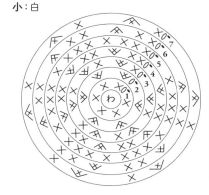

※編み地の裏側を表として使う
※編終りはわたを入れる

段	目数
7	12 (-6)
6	18 (-6)
5	24
4	24 (+6)
3	18 (+6)
2	12 (+6)
1	6

各パーツつけ位置

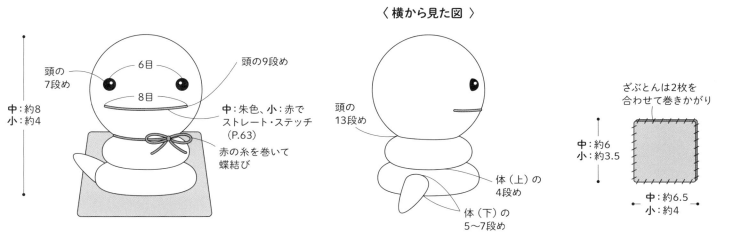

写真／P.14

- ●糸
- ハマナカ ピッコロ（25g玉巻き）
- 茶(21)10g　こげ茶(17)5g　白(1)3g　赤(6)少々
- ●その他
- ハマナカ ソリッドアイ ブラック
- 　5㎜ (H221-305-1)、3㎜ (H221-303-1)各2個
- 手芸わた

- ●針　4/0号かぎ針
- ●作り方
1. 各パーツを編む
2. 頭、体、口にわたを入れる
3. 頭に目をつけ、口に鼻をつける
4. 頭に口、耳、前髪を巻きかがりでつける
5. 頭に体を巻きかがりでつける
6. 体に手、足、しっぽを巻きかがりでつける
7. 頭に植毛して毛先を切りそろえ、手芸用ボンドで固定する
8. 首にリボンをつける

頭(1枚)
☐ =茶　☐ =白

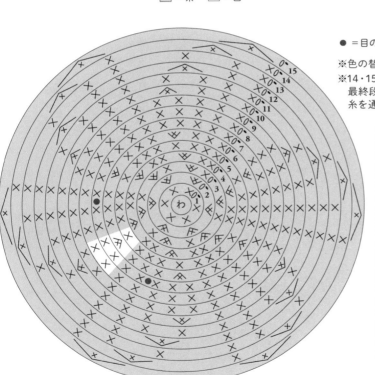

● =目のつけ位置
※色の替え方は写真参照
※14・15段めでわたを入れて
最終段の目の頭に
糸を通して絞る

段	目数
15	6 (−6)
14	12 (−6)
13	18
12	18 (−6)
11	24
10	24 (−6)
9	30
8	30
7	30
6	30 (+6)
5	24
4	24 (+6)
3	18 (+6)
2	12 (+6)
1	6

耳(2枚)
茶

段	目数
2	12 (+6)
1	6

前髪(1枚)
こげ茶

しっぽ(1枚)
こげ茶

※編み地の裏側を
表として使う

手(2枚)
足(2枚)
☐ =白　☐ =茶

※色の替え方は
P.34の38〜41
参照

段	目数
3	
2	5
1	

48

体 (1枚) 茶

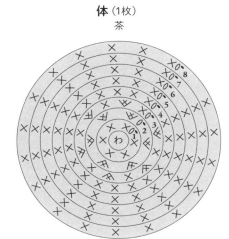

※編終りはわたを入れる

段	目数
8〜4	18
3	18 (+6)
2	12 (+6)
1	6

口 (1枚)

□ = 茶　□ = 白

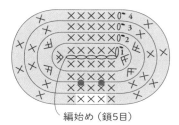

● = 鼻のつけ位置

段	目数
4	18
3	18
2	18 (+4)
1	14

※編始めはP.39写真参照
※編終りはわたを入れる

編始め(鎖5目)

各パーツつけ位置

〈 横から見た図 〉　　〈 上から見た図 〉

色の替え方 (段の途中で色を替える方法)

色を替える手前の細編みを編む途中で、新しい色の糸を針にかけて引き抜く。

引き抜いたところ。

続けて細編みを2目編んだら、3目めの細編みを編む途中でもとの色に替える。

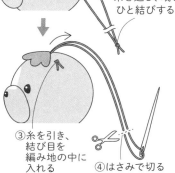

未(ひつじ) 写真／P.15

- ●糸
- ハマナカ ピッコロ（25g玉巻き）
- 白(1)8g　ベージュ(16)4g　たまご色(42)2g　赤(6)少々
- ●その他
- ハマナカ ソリッドアイ ブラック
  5㎜（H221-305-1）2個
- 手芸わた、25番刺繍糸（黒）

- ●針　4/0号かぎ針
- ●作り方
1. 各パーツを編む
2. 頭、体にわたを入れる
3. 顔に目をつけ、刺繍をする
4. 頭に顔と角を巻きかがりでつける
5. 頭に体を巻きかがりでつける
6. 体に手、足、しっぽを巻きかがりでつける
7. 首にリボンをつける

頭(1枚) 白

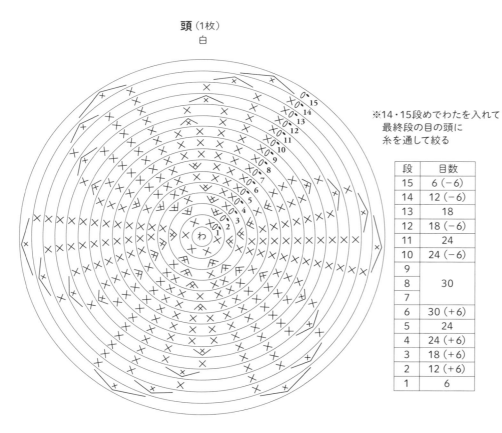

※14・15段めでわたを入れて最終段の目の頭に糸を通して絞る

段	目数
15	6 (-6)
14	12 (-6)
13	18
12	18 (-6)
11	24
10	24 (-6)
9	30
8	30
7	30
6	30 (+6)
5	24
4	24 (+6)
3	18 (+6)
2	12 (+6)
1	6

手(2枚) **足**(2枚)

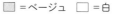 =ベージュ　□=白

※色の替え方はP.34の38〜41参照

段	目数
3	
2	5
1	

しっぽ(1枚) 白

※編み地の裏側を表として使う

段	目数
2	6
1	

角(2枚) たまご色

編終り
つけ側
編始め(鎖14目)

50

体(1枚)
白

段	目数
8〜4	18
3	18 (+6)
2	12 (+6)
1	6

※編終りはわたを入れる

顔(1枚)
ベージュ

段	目数
4	24 (+6)
3	18 (+6)
2	12 (+6)
1	6

※編み地の裏側を表として使う

各パーツつけ位置

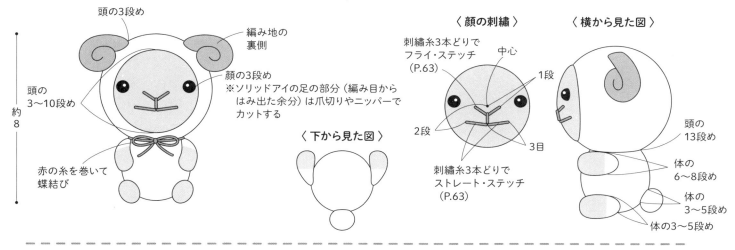

〈 顔の刺繍 〉
- 刺繍糸3本どりでフライ・ステッチ (P.63)
- 中心
- 1段
- 2段
- 3目
- 刺繍糸3本どりでストレート・ステッチ (P.63)

〈 横から見た図 〉
- 頭の13段め
- 体の6〜8段め
- 体の3〜5段め
- 体の3〜5段め

〈 下から見た図 〉

頭の3段め
編み地の裏側
顔の3段め
※ソリッドアイの足の部分(編み目からはみ出た余分)は爪切りやニッパーでカットする
頭の3〜10段め
約8
赤の糸を巻いて蝶結び

中長編み

 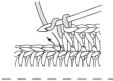 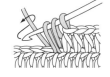 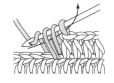 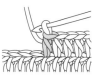

長編み

申 (さる)

写真／P.16

- ●糸
- ハマナカ ピッコロ（25g玉巻き）
- こげ茶(17)8g　ベージュ(16)6g　赤(6)少々
- ●その他
- ハマナカ ソリッドアイ ブラック
  5mm（H221-305-1）2個
- 手芸わた

- ●針　4/0号かぎ針
- ●作り方
1. 各パーツを編む
2. 頭、体、口にわたを入れる
3. 顔に目をつける
4. 口に刺繍をし、顔に巻きかがりでつける
5. 頭に顔と耳を巻きかがりでつける
6. 頭に体を巻きかがりでつける
7. 体に手、足、しっぽを巻きかがりでつける
8. 首にリボンをつける

頭（1枚）こげ茶

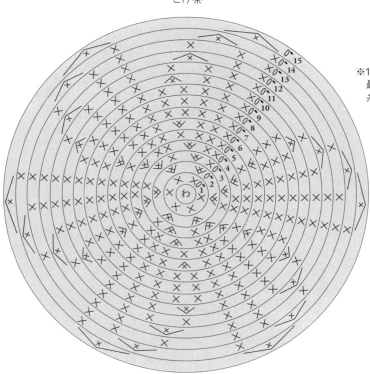

※14・15段めでわたを入れて最終段の目の頭に糸を通して絞る

段	目数
15	6 (−6)
14	12 (−6)
13	18
12	18 (−6)
11	24
10	24 (−6)
9	30
8	30
7	30
6	30 (+6)
5	24
4	24 (+6)
3	18 (+6)
2	12 (+6)
1	6

耳（2枚）ベージュ

段	目数
3	12
2	12 (+6)
1	6

顔（1枚）ベージュ

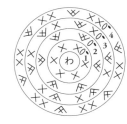

※編み地の裏側を表として使う

段	目数
4	24 (+6)
3	18 (+6)
2	12 (+6)
1	6

手（2枚）足（2枚）

☐ =ベージュ　■ =こげ茶

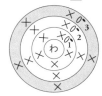

※色の替え方は P.34の38〜41参照

段	目数
3	
2	5
1	

体 (1枚)
こげ茶

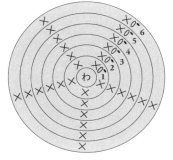

※編終りはわたを入れる

段	目数
8〜4	18
3	18 (+6)
2	12 (+6)
1	6

しっぽ (1枚)
こげ茶

段	目数
6〜1	5

口 (1枚)
ベージュ

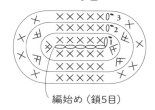

編始め(鎖5目)

段	目数
3	18
2	18 (+4)
1	14

※編始めはP.39写真参照
※編み地の裏側を表として使う
※編終りはわたを入れる

各パーツつけ位置

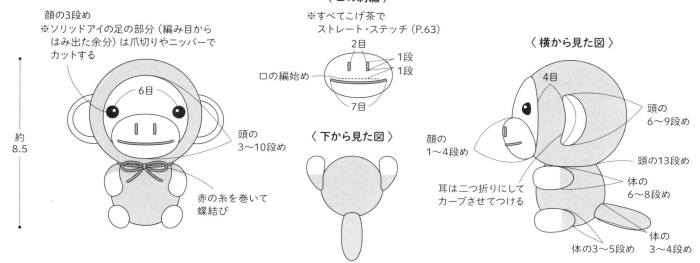

53

酉（とり） 写真／P.18

- ●糸
- 酉：ハマナカ ピッコロ（25g 玉巻き）
  - 白（1）10g　赤（6）3g　レモン色（8）、黄色（25）各2g
- ひよこ：ハマナカ ティノ（25g 玉巻き）
  - 黄色（8）3g　オレンジ（7）少々
- ●その他
- ハマナカ ソリッドアイ ブラック
  - 酉：5mm（H221-305-1）2個
  - ひよこ（1体分）：3mm（H221-303-1）2個
- 手芸わた
- ●針
- 酉：4/0号かぎ針　ひよこ：2/0号かぎ針

●作り方
酉
1. 各パーツを編む
2. 頭、体、くちばしにわたを入れる
3. 頭に目をつける
4. 頭にとさか、くちばしを巻きかがりでつける
5. 頭に体を巻きかがりでつける
6. 体に足、尾を巻きかがりでつける
7. 体に羽をとめつける
8. 首にリボンをつける

ひよこ
1. 各パーツを編む
2. 本体、くちばし、尾にわたを入れる
3. 本体に目をつける
4. 本体にくちばし、尾を巻きかがりでつけ、羽をとめつける

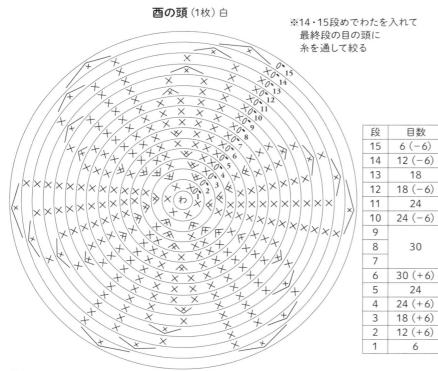

酉の頭（1枚）白

※14・15段めでわたを入れて最終段の目の頭に糸を通して絞る

段	目数
15	6 (−6)
14	12 (−6)
13	18
12	18 (−6)
11	24
10	24 (−6)
9	30
8	30
7	30
6	30 (+6)
5	24
4	24 (+6)
3	18 (+6)
2	12 (+6)
1	6

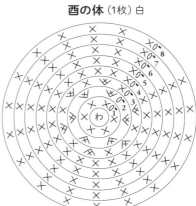

酉の体（1枚）白

※編終りはわたを入れる

段	目数
8〜4	18
3	18 (+6)
2	12 (+6)
1	6

酉のとさか（3枚）赤

段	目数
3	5 (−2)
2	7 (+2)
1	5

酉の足（2枚）黄色

段	目数
2	5
1	5

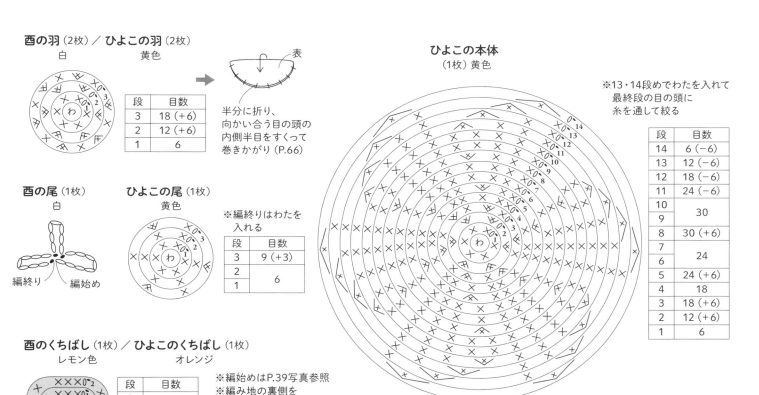
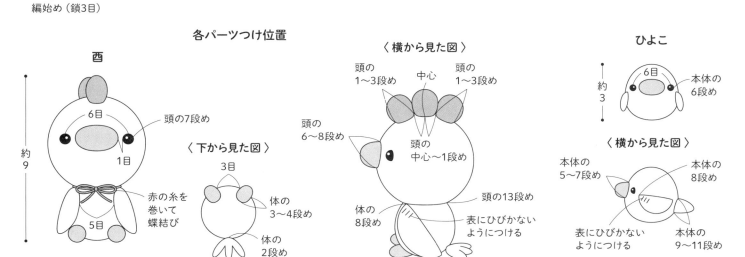

戌 (いぬ) 写真／P.20

- ●糸
- ハマナカ ピッコロ（25g玉巻き）
- 茶(21)10g　赤(6)6g　白(1)4g　黒(20)少々
- ●その他
- ハマナカ ソリッドアイ ブラック
  - 5mm（H221-305-1）2個
- 手芸わた、25番刺繍糸（黒）

- ●針　4/0号かぎ針
- ●作り方
1. 各パーツを編む
2. 頭、体、口にわたを入れる
3. 頭に目をつけ、まゆげを刺繍をする
4. 口に鼻を巻きかがりでつけ、刺繍をする
5. 頭に口、耳を巻きかがりでつける
6. 頭に体を巻きかがりでつける
7. 体に手、足、しっぽを巻きかがりでつける
8. 首にリボンをつける

※ざぶとんの編み方はP.46

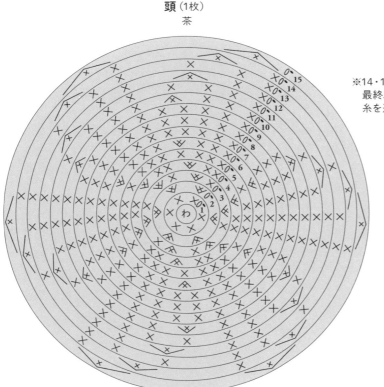

頭(1枚) 茶

※14・15段めでわたを入れて最終段の目の頭に糸を通して絞る

段	目数
15	6 (−6)
14	12 (−6)
13	18
12	18 (−6)
11	24
10	24 (−6)
9	
8	30
7	
6	30 (+6)
5	24
4	24 (+6)
3	18 (+6)
2	12 (+6)
1	6

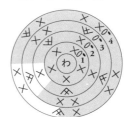

耳 (2枚)

☐ =茶　☐ =白

※色の替え方は、P.49の写真参照

段	目数
4	12 (+2)
3	10 (+3)
2	7 (+2)
1	5

手 (2枚)
足 (2枚)

☐ =白　☐ =茶

※色の替え方はP.34の38〜41参照

段	目数
3	
2	5
1	

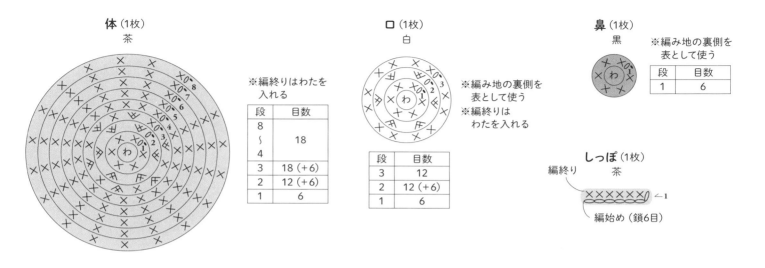
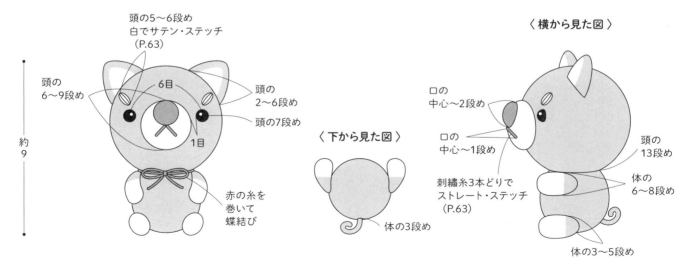

57

亥 写真／P.21

● 糸
ハマナカ ピッコロ（25g玉巻き）
からし色(27)9g　白(1)、ペールオレンジ(3)各2g
こげ茶(17)、赤(6)各少々

● その他
ハマナカ ソリッドアイ ブラック
　5mm（H221-305-1）2個
手芸わた

● 針　4/0号かぎ針
● 作り方
1. 各パーツを編む
2. 頭、体、鼻にわたを入れる
3. 頭に目をつけ、鼻に刺繍をする
4. 頭に鼻、耳、牙を巻きかがりでつける
5. 頭に体を巻きかがりでつける
6. 体に手、足、しっぽを巻きかがりでつけ、模様の刺繍をする
7. 首にリボンをつける

頭（1枚）
からし色

※14・15段めでわたを入れて
最終段の目の頭に
糸を通して絞る

段	目数
15	6 (−6)
14	12 (−6)
13	18
12	18 (−6)
11	24
10	24 (−6)
9	30
8	30
7	30
6	30 (+6)
5	24
4	24 (+6)
3	18 (+6)
2	12 (+6)
1	6

耳（2枚）
からし色

段	目数
3	10 (+3)
2	7 (+2)
1	5

手（2枚）からし色
足（2枚）からし色

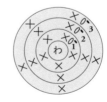

段	目数
3	
2	5
1	

体 (1枚) からし色

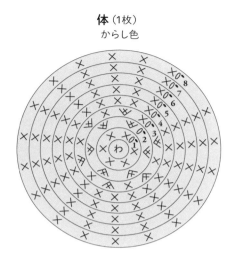

※編終りはわたを入れる

段	目数
8〜4	18
3	18 (+6)
2	12 (+6)
1	6

鼻 (1枚) ペールオレンジ

編始め (鎖3目)

段	目数
2	10
1	10

※編始めはP.39写真参照
※編み地の裏側を表として使う
※編終りはわたと入れる

牙 (2枚) 白

段	目数
2	4
1	4

しっぽ (1枚) からし色

編終り ←1
編始め (鎖5目)

各パーツつけ位置

※模様はすべてストレート・ステッチ (P.63)。鼻以外はこげ茶2本どり

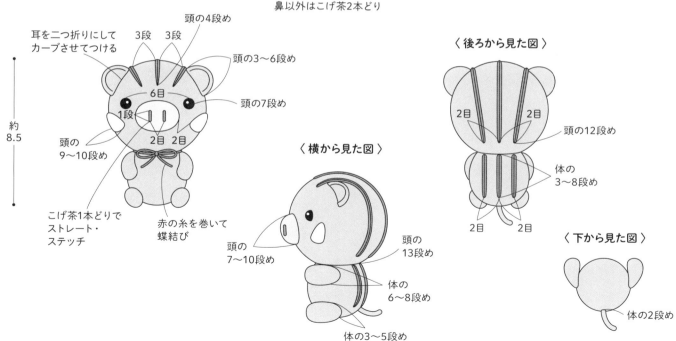

59

招きねこ　写真／P.22

●糸
ハマナカ ピッコロ（25g玉巻き）
白(1)12g　赤(6)8g
黒(20)、黄色(25)、濃ピンク(5)各少々
ハマナカ ティノ（25g玉巻き）
黄色(8)少々

●その他
ハマナカ ソリッドアイ ブラック
　5㎜（H221-305-1)2個
手芸わた、25番刺繍糸（黒）

●針　4/0号かぎ針、2/0号かぎ針

●作り方　鈴以外はピッコロを4/0号かぎ針で編む
1. 各パーツを編む
2. 頭、体、鈴にわたを入れる
3. 頭に目をつける
4. 頭に耳を巻きかがりでつけ、刺繍をする
5. 頭に体を巻きかがりでつける
6. 体に手、足、しっぽを巻きかがりでつけ、手、足に刺繍をする
7. 首輪を首に巻き、後ろでとめつける
8. 鈴に刺繍をして、体にとめつける

※ざぶとんの編み方はP.46

頭(1枚)
■=黒　■=黄色　□=白

※色の替え方は
P.34の38～41参照
※14・15段めでわたを入れて
最終段の目の頭に
糸を通して絞る

段	目数
15	6 (-6)
14	12 (-6)
13	18
12	18 (-6)
11	24
10	24 (-6)
9	30
8	30
7	30
6	30 (+6)
5	24
4	24 (+6)
3	18 (+6)
2	12 (+6)
1	6

鈴(1枚)
2/0号かぎ針
ティノ・黄色

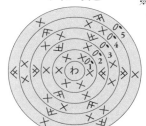

※4・5段めで
わたを入れて
最終段の目の頭に
糸を通して絞る

段	目数
5	6 (-3)
4	9 (-3)
3	12 (+3)
2	9 (+3)
1	6

しっぽ(1枚) 白

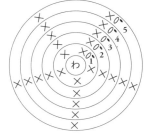

段	目数
5～1	5

耳(2枚)
□=白　■=赤

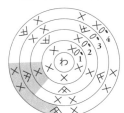

※色の替え方は
P.49の写真参照

段	目数
4	12 (+2)
3	10 (+3)
2	7 (+2)
1	5

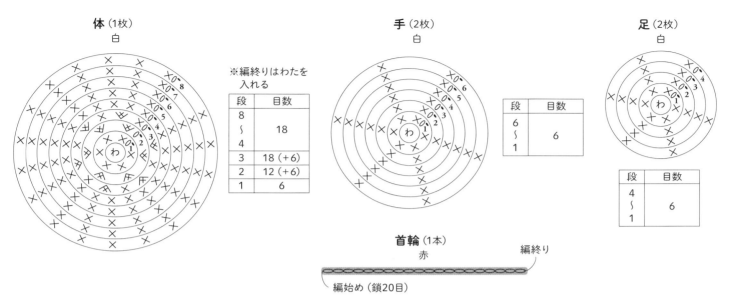
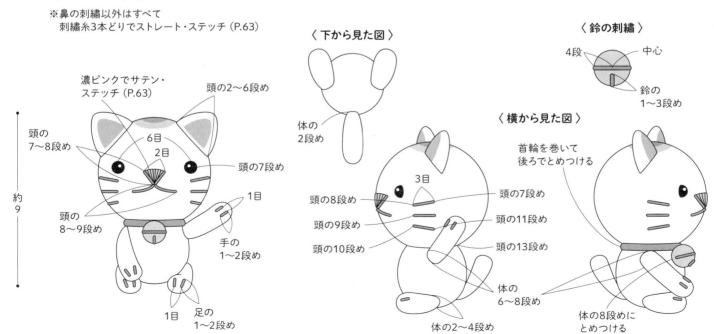

ふくろう 写真／P.23

- ●糸
- ハマナカ ピッコロ（25g玉巻き）
- 左：ベージュ(16)5g 茶(21)3g
    白(1)、黄色(25)各2g こげ茶(17)少々
- 右：グレー(33)5g 濃グレー(50)3g
    白(1)、黄色(25)各2g こげ茶(17)少々
- ●その他
- ハマナカ クリスタルアイ ゴールド
    10.5mm（H220-110-8）2個

- ●針 4/0号かぎ針
- ●作り方
1. 各パーツを編む
2. 本体にわたを入れる
3. 目の回りに目をつける
4. 本体に目の回り、くちばし、足を巻きかがりでつけ、羽をとめつける
5. 目の回りに黄色の糸をボンドでつけ、本体に刺繍をする

本体(1枚) A色

配色表

	A色	B色
左	ベージュ	茶
右	グレー	濃グレー

※13・14段めでわたを入れて最終段の目の頭に糸を通して絞る

段	目数
14	6 (−6)
13	12 (−6)
12	18 (−6)
11	24 (−6)
10	30
9	30
8	30 (+6)
7	24
6	24
5	24 (+6)
4	18
3	18 (+6)
2	12 (+6)
1	6

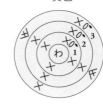

くちばし(1枚) 黄色

段	目数
3	6 (+2)
2	4
1	

足(2枚) 黄色

目の回り（2枚）
白

段	目数
2	16 (+8)
1	8

4目分を巻きかがり

羽（2枚）
B色

段	目数
3	18 (+6)
2	12 (+6)
1	6

半分に折り、向かい合う目の頭
内側半目をすくって巻きかがり
（P.66）

各パーツつけ位置

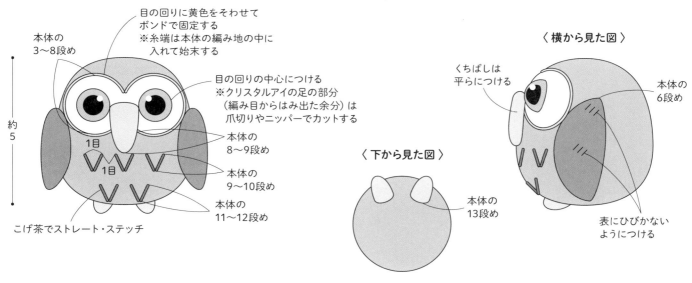

本体の3〜8段め

目の回りに黄色をそわせて
ボンドで固定する
※糸端は本体の編み地の中に
入れて始末する

目の回りの中心につける
※クリスタルアイの足の部分
（編み目からはみ出た余分）は
爪切りやニッパーでカットする

本体の8〜9段め

本体の9〜10段め

本体の11〜12段め

こげ茶でストレート・ステッチ

約5㎝

〈横から見た図〉

くちばしは平らにつける

本体の6段め

表にひびかない
ようにつける

〈下から見た図〉

本体の13段め

- -

刺繡の基礎

ストレート・ステッチ

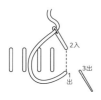

サテン・ステッチ

フライ・ステッチ

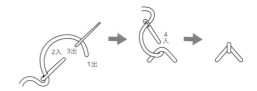

オクトパス 写真／P.24

- ●糸
  ハマナカ ピッコロ（25g玉巻き）
  赤(6)8g　白(1)3g
- ●その他
  ハマナカ ソリッドアイ ブラック
  　5mm（H221-305-1）2個
  手芸わた

- ●針　4/0号かぎ針
- ●作り方
  1. 各パーツを編む
  2. 本体にわたを入れる
  3. 本体に目をつける
  4. 本体に口を巻きかがりでつけ、ハチマキを巻いてひと結びする

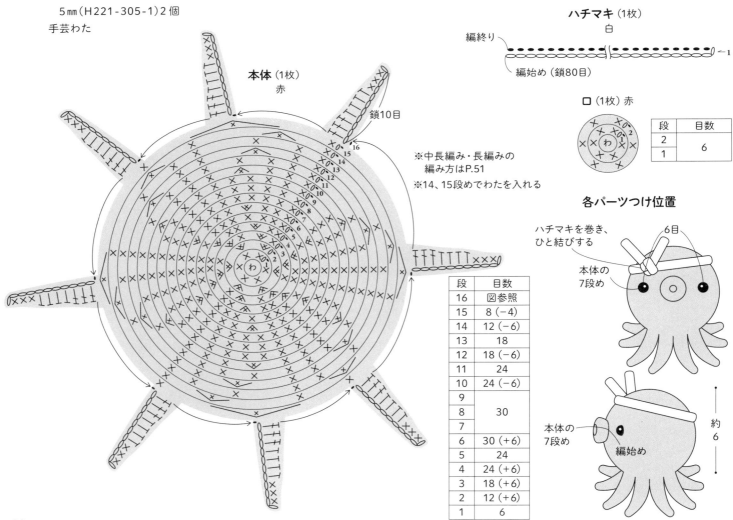

※中長編み・長編みの編み方はP.51
※14、15段めでわたを入れる

段	目数
16	図参照
15	8 (-4)
14	12 (-6)
13	18
12	18 (-6)
11	24
10	24 (-6)
9	30
8	30
7	
6	30 (+6)
5	24
4	24 (+6)
3	18 (+6)
2	12 (+6)
1	6

口 (1枚) 赤

段	目数
2	6
1	

だるま 写真／P.25

- ●糸
- ハマナカ ピッコロ（25g玉巻き）
- 本体1点分…5g 赤(6) 水色(23) 緑(24) 紫(31)
  濃ピンク(5) 黄色(25)
- 5点共通…白(1)2g 黒(20)少々
  黄色以外 レモン色(8)少々
  黄色のみ 赤(6)少々
- ●その他
- ハマナカ ソリッドアイ ブラック
  5mm（H221-305-1）2個
- 手芸わた

- ●針 4/0号かぎ針
- ●作り方
1. 各パーツを編む
2. 本体にわたを入れる
3. 顔に目をつけ、刺繍をする
4. 本体に顔を巻きかがりでつける
5. 本体に刺繍をする

本体(1枚)

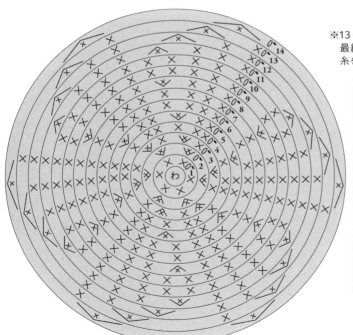

※13・14段めでわたを入れて
最終段の目の頭に
糸を通して絞る

段	目数
14	6 (-6)
13	12 (-6)
12	18 (-6)
11	24 (-6)
10	30
9	30
8	30 (+6)
7	24
6	24
5	24 (+6)
4	18
3	18 (+6)
2	12 (+6)
1	6

約5

顔(1枚) 白

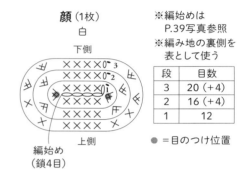

※編始めは
P.39写真参照
※編み地の裏側を
表として使う

段	目数
3	20 (+4)
2	16 (+4)
1	12

● ＝目のつけ位置

下側
上側
編始め
（鎖4目）

各パーツつけ位置

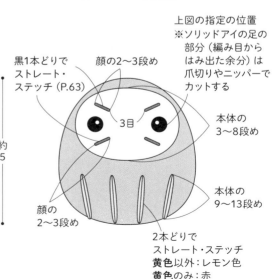

上図の指定の位置
※ソリッドアイの足の
部分（編み目から
はみ出た余分）は
爪切りやニッパーで
カットする

黒1本どりで
ストレート・
ステッチ (P.63)

顔の2～3段め

本体の
3～8段め

顔の
2～3段め

2本どりで
ストレート・ステッチ
黄色以外：レモン色
黄色のみ：赤

本体の
9～13段め

富士山 写真／P.26

- ●糸
ハマナカ ピッコロ（25g玉巻き）
水色(23)6g　白(1)2g
- ●その他
手芸わた

- ●針　4/0号かぎ針
- ●作り方
1. 本体、底を編む
2. 本体にわたを入れる
3. 本体に底を巻きかがりでつける

本体（1枚）

☐ =白　▨ =水色

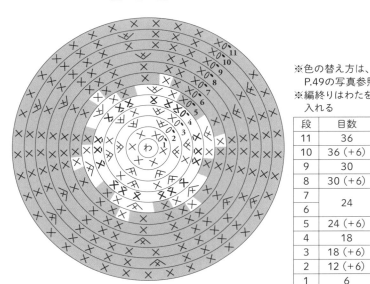

4段めのみ細編みの筋編み

※色の替え方は、P.49の写真参照
※編終りはわたを入れる

段	目数
11	36
10	36 (+6)
9	30
8	30 (+6)
7	24
6	24
5	24 (+6)
4	18
3	18 (+6)
2	12 (+6)
1	6

底（1枚）
水色

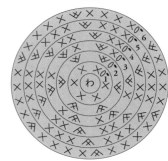

段	目数
6	36 (+6)
5	30 (+6)
4	24 (+6)
3	18 (+6)
2	12 (+6)
1	6

仕上げ方

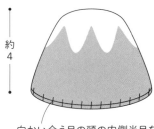

約4

向かい合う目の頭の内側半目をすくって巻きかがり

✕ 細編みの筋編み

前段の細編みの頭の向う側1本だけすくって編む

巻きかがり（半目）

編み地を外表に合わせ、鎖目の頭の内側の半目をすくってはぎ合わせる

※編み地の状態は作品とは異なります

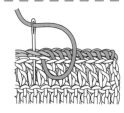

鏡餅 写真／P.26

- **糸**
ハマナカ ピッコロ（25g玉巻き）
白(1)8g　赤(6)6g　黄色(25)2g
ハマナカ ティノ（25g玉巻き）
黄緑(9)少々
- **その他**
手芸わた
- **針**　4/0号かぎ針、2/0号かぎ針
- **作り方**　橙の葉以外は4/0号かぎ針で編む

1. 各パーツを編む
2. 上段・下段の餅、橙にわたを入れる
3. 橙に刺繍をし、葉の端を縫いつける
4. 下段の餅に上段の餅を巻きかがりでつける
5. 上段の餅に橙を巻きかがりでつける

※ざぶとんの編み方はP.46

上段の餅(1枚)
白

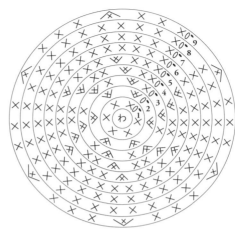

※編み地の裏側を表として使う
※編終りはわたを入れる

段	目数
9	24 (−6)
8	30
7	30
6	30
5	30 (+6)
4	24 (+6)
3	18 (+6)
2	12 (+6)
1	6

下段の餅(1枚)
白

※編み地の裏側を表として使う
※編終りはわたを入れて最終段の目の頭に糸を通して絞る

段	目数
12	6 (−6)
11	12 (−6)
10	18 (−6)
9	24 (−6)
8	30 (−6)
7	36
6	36 (+6)
5	30 (+6)
4	24 (+6)
3	18 (+6)
2	12 (+6)
1	6

橙の葉(1枚)
2/0号かぎ針　黄緑

つけ側
編始め（鎖2目）

橙(1枚)
黄色

※編み地の裏側を表として使う
※編終りはわたを入れる

段	目数
4	6 (−6)
3	12
2	12 (+6)
1	6

各パーツつけ位置

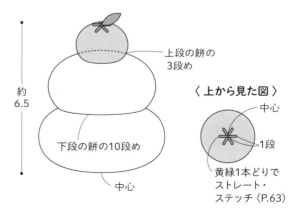

約6.5

上段の餅の3段め
下段の餅の10段め
中心

〈上から見た図〉
中心
1段
黄緑1本どりでストレート・ステッチ（P.63）

亀　写真／P.27

- ●糸
- ハマナカ ピッコロ（25g 玉巻き）
- ペールオレンジ（3）5g　黄緑（9）4g
- 緑（24）少々
- ハマナカ ティノ（25g 玉巻き）
- 黄緑（9）少々
- ●その他
- ハマナカ ソリッドアイ ブラック
-   5mm（H221-305-1）2個
- 手芸わた

- ●針　4/0号かぎ針
- ●作り方
1. 各パーツを編む
2. 甲羅、頭にわたを入れる
3. 頭に目をつける
4. 甲羅に底と頭を巻きかがりでつける
5. 底に足としっぽを巻きかがりでつける
6. 甲羅に刺繍をし、藻をとじつける

頭（1枚）
ペールオレンジ

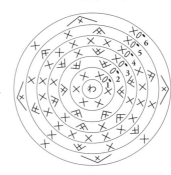

※編終りは
わたを入れる

段	目数
6	8 (−4)
5	12 (−6)
4	18
3	18 (+6)
2	12 (+6)
1	6

甲羅（1枚）
ピッコロ・黄緑

✕ ＝変わり細編みの筋編み
鎖の手前の1本だけを
すくって細編みを編む

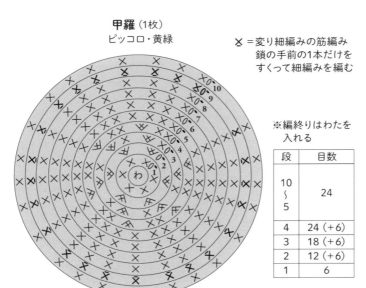

※編終りはわたを入れる

段	目数
10〜5	24
4	24 (+6)
3	18 (+6)
2	12 (+6)
1	6

底（1枚）
ペールオレンジ

※編み地の裏側を
表として使う

段	目数
4	18
3	18 (+6)
2	12 (+6)
1	6

しっぽ (1枚)
ペールオレンジ

段	目数
3	
2	4
1	

足 (4枚)
ペールオレンジ

段	目数
2	
1	5

各パーツつけ位置

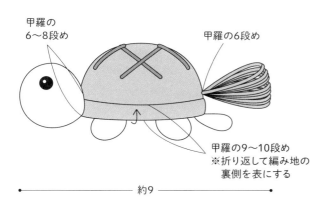

甲羅の6〜8段め
甲羅の6段め
甲羅の9〜10段め
※折り返して編み地の裏側を表にする
約9

〈 上から見た図 〉

甲羅の5段め
頭の3段め
6目
藻をとじ針で編み目に通してとじつける
緑でストレート・ステッチ (P.63)

〈藻の作り方〉
① 幅3cmの厚紙にティノ・黄緑を10回巻きつける
② 糸を輪に通してひと結びし、厚紙からはずす
3

下から見たところ

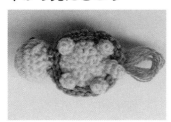

〈 下から見た図 〉

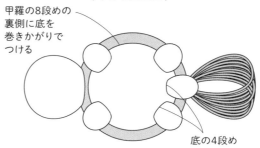

甲羅の8段めの裏側に底を巻きかがりでつける
底の4段め

鶴 写真／P.27

- **●糸**
  ハマナカ ピッコロ（25g玉巻き）
  白(1)6g　赤(6)、黒(20)各2g
- **●その他**
  ハマナカ ソリッドアイ ブラック
  5mm（H221-305-1）2個
  手芸わた
- **●針**　4/0号かぎ針
- **●作り方**
  1　各パーツを編む
  2　本体にわたを入れる
  3　本体に目をつける
  4　本体にくちばしを巻きかがりでつけ、羽をとめつける

くちばし（1枚）
黒

段	目数
3	6 (+2)
2	4
1	

羽（2枚）
□=白　■=黒

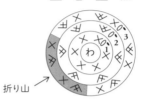

折り山

※色の替え方は、P.49の写真参照

段	目数
3	18 (+6)
2	12 (+6)
1	6

表

半分に折り、向かい合う目の頭の内側半目をすくって巻きかがり（P.66）

本体（1枚）
■=赤　□=白　■=黒

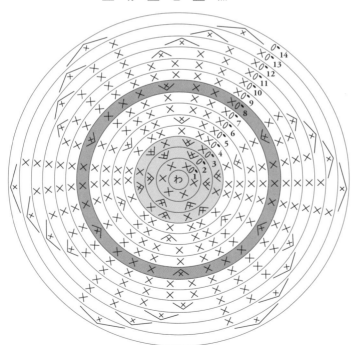

※色の替え方は P.34の**38～41**参照
※13・14段めでわたを入れて最終段の目の頭に糸を通して絞る

段	目数
14	6 (-6)
13	12 (-6)
12	18 (-6)
11	24 (-6)
10	30
9	30
8	30 (+6)
7	24
6	24
5	24 (+6)
4	18
3	18 (+6)
2	12 (+6)
1	6

各パーツつけ位置

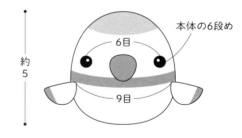

本体の6段め
6目
約5
9目

〈横から見た図〉

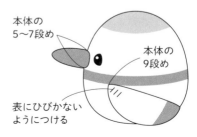

本体の5～7段め
本体の9段め
表にひびかないようにつける

かぎ針編みの基礎

[鎖の作り目]

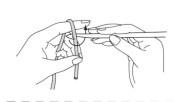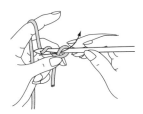

[鎖目からの拾い目]

立上り
鎖1目
作り目

裏山
鎖状になっている
ほうを下に向け、
裏側の山に針を入れる

[編み目記号]

○ 鎖編み

いちばん基本になる編み方で、
作り目や立上りなどに使う

✕ 細編み

立上りに鎖1目の高さを持つ編み目。
針にかかっている2本の
ループを一度に引き抜く

● 引抜き編み

編み目に針を入れ、
糸をかけて一度に引き抜く

⋀ 細編み2目一度

前段の目から糸を引き出しただけの
未完成の2目を、針に糸をかけて
一度に引き抜いて1目減らす

 細編み2目編み入れる

1目に細編み2目を
編み入れ、1目増す

 細編み3目編み入れる

「細編み2目編み入れる」の
要領で1目に3目を編み
入れ、2目増す

ほし☆みつき

1999年、大好きだったミッキーマウスの編みぐるみキットを買ったのをきっかけに、独学で編みぐるみを学ぶ。「何でも毛糸で表現」を目標に、食べ物から動物まで、何でも作れる編みぐるみ作家を目指す。現在、都内で編みぐるみ教室を開催している。著書に『編み犬の毎日』『編み犬の毎日2』『編み犬の毎日3』『編みねこの毎日』（以上文化出版局）などがある。

ブックデザイン …… わたなべ ひろこ
撮影 …… 下村しのぶ
プロセス撮影 …… 中辻 渉
スタイリング …… 澤入美佳
トレース …… 米谷早織
校閲 …… 向井雅子
編集 …… 小出かがり、永谷千絵（リトルバード）
　　　　　三角紗綾子（文化出版局）

この本の作品は、ハマナカ手芸手あみ糸、ハマナカアミアミ手あみ針を使用しています。糸、用具については下記へお問い合わせください。

ハマナカ
〒616-8585 京都市右京区花園薮ノ下町2番地の3
TEL.075-463-5151（代表）
www.hamanaka.co.jp
info@hamanaka.co.jp

※材料の表記は2019年11月現在のものです。

干支ぐるみ

2019年11月24日　第1刷発行
2023年11月22日　第5刷発行

著 者　　ほし☆みつき
発行者　　清木孝悦
発行所　　学校法人文化学園　文化出版局
　　　　　　〒151-8524 東京都渋谷区代々木 3-22-1
　　　　　　TEL.03-3299-2487（編集）
　　　　　　TEL.03-3299-2540（営業）
印刷・製本所　株式会社文化カラー印刷

©Mitsuki Hoshi 2019　Printed in Japan
本書の写真、カット及び内容の無断転載を禁じます。

● 本書のコピー、スキャン、デジタル化等の無断複製は著作権法上での例外を除き、禁じられています。
● 本書を代行業者等の第三者に依頼してスキャンやデジタル化することは、たとえ個人や家庭内での利用でも著作権法違反になります。
● 本書で紹介した作品の全部または一部を商品化、複製頒布、及びコンクールなどの応募作品として出品することは禁じられています。
● 撮影状況や印刷により、作品の色は実物と多少異なる場合があります。ご了承ください。

文化出版局のホームページ　https://books.bunka.ac.jp/